CATALOGUE

D'UN

BEAU MOBILIER

Appartenant à Madame X...

SALLE A MANGER STYLE RENAISSANCE

Chambre de style Louis XV

SALON DE STYLE LOUIS XVI

Piano de Focké -- Objets d'Art

Marbres - Bronzes - Meubles

OBJETS D'ART — TABLEAUX

APPARTENANT A DIVERS

Dont la Vente aux Enchères Publiques

aura lieu

HOTEL DROUOT, SALLE N° 1

Les Vendredi 25 et Samedi 26 Janvier 1907

A 2 HEURES PRÉCISES

Commissaire-Priseur	Expert
M⁹ Raymond PUJOS	**M. Robert GANDOUIN**
29, *Rue Maubeuge*, 29	40, *Avenue Wagram*, 40

Chez lesquels se distribue le présent Catalogue

EXPOSITION PUBLIQUE

Le Jeudi 24 Janvier 1907, de 2 heures à 6 heures

CONDITIONS DE LA VENTE

Elle sera faite au comptant.

Les acquéreurs paieront 10 o/o en sus des enchères.

L'exposition mettant le public à même de se rendre
compte de l'état des objets, il ne sera admis aucune
réclamation une fois l'adjudication prononcée.

Dans l'intérêt de la vente, l'expert se réserve la
faculté de rassembler ou diviser les lots.

VENTE

des Vendredi 25 et Samedi 26 Janvier 1907

HOTEL DROUOT — SALLE N° 1

À DEUX HEURES PRÉCISES

D'UN

BEAU MOBILIER

Appartenant à Mme X...

MARBRES - BRONZES - MEUBLES

OBJETS D'ART = TABLEAUX

Appartenant à Divers

<table>
<tr><td>COMMISSAIRE-PRISEUR
Me Raymond PUJOS
29, Rue de Maubeuge, 29
PARIS</td><td>EXPERT
M. Robert GANDOUIN
40, Avenue de Wagram
PARIS</td></tr>
</table>

EXPOSITION PUBLIQUE

Le Jeudi 24 Janvier 1907, de 2 heures à 6 heures

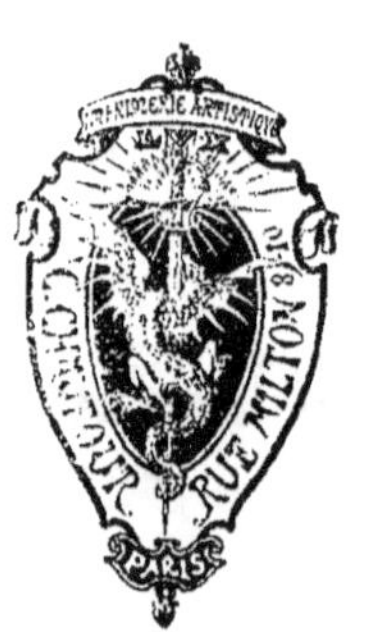

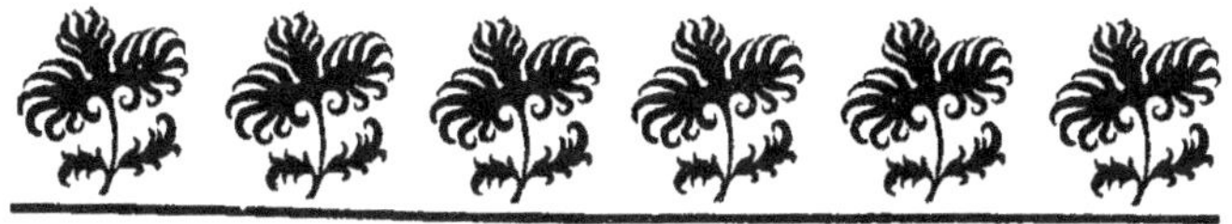

DÉSIGNATION

Objets appartenant à Madame X...

BRONZES

CHRÉTIEN

1 — La Liseuse, bronze.

Haut. : 0ᵐ60.

COURTET

2 — Le Souffleur, bronze.

GRÉGOIRE (L.)

3 — La Charité, bronze.

Haut. : 0ᵐ80.

VEROUX

4 — Margueritte, buste marbre. Bas-relief, bloc marbre.

5 — Jeanne d'Arc, statue équestre.

TABLEAUX

BUCHAND

6 — Bord du lac Tanay.

CHIGOT (A.)

7-8 — Deux tableaux sujets militaires : Conquête de l'Algérie.

DUTHOYA

9-10 — Deux tableaux : Marine et Sous bois.

GERBAULT (Attribué à)

11 — Aquarelle : L'heure du berger.

LENFANT DE METZ

12 — Enfants jouant.

MEUBLES

13 — Mobilier de salon de style Louis XVI, bois sculpté doré recouvert de soie ; composé d'un canapé, deux bergères, deux chaises et un petit guéridon, dessus marbre.

14 — Salle à manger style Renaissance, composée d'une table à quatre allonges et son tapis, un buffet à étagères, un dressoir, un argentier, six chaises, un grand fauteuil et quatre petits bancs. Bel état de conservation.

— Chambre à coucher de style Louis XV noyer sculpté
et ciré, composé de : un lit pour deux personnes, une
armoire à glace biseautée, une table de nuit, une petite
table, deux fauteuils, deux chaises, un ciel de lit,
rideaux, portières et baldaquins.

16 — Boudoir style Oriental, composé de : un divan et
trois coussins, quatre rideaux-portières, un fond de lit
toile genre Jouy, lampes et ornements en fer.

17 — Piano Focké n° 19697, noyer sculpté et ciré, lampes
électriques et ses garnitures en soie.

18 — Baromètre enregistreur Richard.

19 — Table encoignure.

20 — Table à thé et paravent style Oriental.

21 — Table-cigogne.

22 — Table à jeu en noyer ciré.

23-24 — Quatre chaises incrustations de nacre, petit siège
de salon.

25 — Bibliothèque moderne-style.

26 — Petite armoire style Louis XVI à deux portes et
deux glaces biseautées.

27 — Etagère à accrocher.

28 — Petite glacière.

29 — Aspirateur électrique avec ses accessoires pour cou-
rant parisien.

30 — Garniture de cheminée de style Louis XVI, marbre
de Sienne ; une pendule et deux candélabres.

31 — Garniture de cheminée en porcelaine, pendule et
deux candélabres.

OBJETS D'ART

32 — Eventail ivoire sculpté ; travail chinois.

33 — Tenture et baldaquin bois sculpté, stores, brise-bise,
garnitures de fenêtres.

34 à 40 — Sous ce numéro : Tapis, tentures, rideaux, etc.

41 à 48 — Huit tapis d'Orient.

49 — Petite psyché.

50 — Jeu de brosses ébène, un verre d'eau cristal taillé.

51-53 — Un vide-poche, deux chandeliers, une petite table
faïence genre Rouen, deux pichets en Gien.

54-55 — Trois pièces de surtout, une corbeille à fleurs et
deux bouts de table.

56 — Service de fumeur, cendrier cloisonné.

57 à 60 — Panoplie huit pièces, sabres, fleurets, etc.

61 — Coupe style Renaissance.

62-63 — Deux chopes, deux vases et un plateau moderne-
style.

64 à 70 — Sept appareils, plafonniers, lampes mobiles disposés pour l'électricité.

71 — Lampadaire, onyx. disposé pour l'électricité et pétrole.

72 — Petite lampe électrique, sujet signé : Auguste Moreau.

73 — Deux lampes disposées pour l'électricité.

74 — Deux buires porcelaine.

75 à 78 — Sous ce numéro : Petits sujets en porcelaine, objets d'étagère et de vitrine.

Objets appartenant à divers

SCULPTURES

BRONZE — MARBRE

BERGER (J.)

79 — L'Odalisque. (Signé et daté 1834).

DELHOMME (1875)

80 — Démocrite, statue marbre, signée, datée.

GOUJON (D'après Jean).

81-82 — Quatre grands bas-reliefs, reproductions de la fontaine des Innocents.

LEROUX

83 — Jeune fille arabe, bronze.

MEUNIER (Mathieu).

84 — Quinze ans, statuette bronze.

85 — L'Orfèvrerie, statuette bronze. Trois exemplaires
. du n° 1.

86 — L'Orfèvrerie, statuette bronze. Sept exemplaires
du n° 2.

87 — Femme et Dauphin, bronze.

87 *bis* — Terre cuite. Modèle de fontaine.

TANGUE

88 — Pierrette et Pierrot, deux bustes en bronze, signés
Tangue avec leur gaîne en bois.

89 — Grand Terme. Hercule, bronze.

90 — Grand Terme. Bacchante, bronze. Deux reproductions de Versailles.

Hauteur : 2m85.

ECOLE ITALIENNE

91 — Faune couché, bronze.

92 — Bustes de l'Empereur et de l'Impératrice.

93 — La Fortune, statue marbre blanc, grandeur demie
nature.

94 à 100 — Sous ce numéro, bronzes, sculptures.

TABLEAUX

DESSINS, MINIATURES, GRAVURES

ANDRÉ DEL SARTE (D'après).

101 — Sainte Famille.

BAYE

101 *bis* — Nature morte.

BENNER (Attribué à).

102 — Naïade.

BOILLY (Genre de).

103 — Enfant à l'oiseau.

BOISSIEU (Jean-Jacques de).

104 — Tête de jeune femme, dessin au crayon rehaussé à l'encre de Chine, sigré du monogramme D.B. Ex-collection Lormier (1902).

BREUGHEL (Attribué à).

105 — Paysage.

ÉCOLE DE BREUGHEL

106 — Tentation de Saint-Antoine.

ÉCOLE FRANÇAISE

107 — Portrait de femme, époque Louis XIV.

108 — Portrait d'enfant, époque Louis XVI. Cadre bois sculpté.

FRANTZ-FLORIS (Attribué à).

109 — Primitif représentant Ste-Elisabeth de Hongrie.

FRAGONARD (D'après).

110 — L'Escarpolette. cadre bois sculpté.

GRANET

111 — L'Elève.

GREUZE (Attribué à).

112 — Femme au désespoir, dessin.

LAMPI

113 — La Sainte Sabine, signé et daté 1803.

LAMPI (Ecole de).

114 — Portrait d'homme.

LAZERGES

115 — La Prière au coucher du soleil.

116 — Champ de courses de Newmarket, signé Jean Van Marcke.

MIGNARD (Ecole de).

117 — Portrait de femme ovale.

118 — Portrait d'homme ovale, cadre bois sculpté.

CHAMPAIGNE (Ecole de Philippe de).

119 — Portrait de femme, cadre bois noir.

PIERRE

120 — Dessus de porte, panneau décoratif.

REYNOLDS (D'après).

121 — Portrait de femme, pastel.

ISABEY (Attribué à).

122 — Marine, dessin au fusain.

WASELIN

123 — Sous bois.

WILLETTE

124 — La Vache enragée, dessin.

ZIEM (Genre de).

125 — Coucher de soleil.

LE CORREGE (D'après).

126 — Danaë.

127 — Paysage, aquarelle.

CLÉRISSEAU

128 — Ruines, aquarelle signée.

129 — La Cour d'amour, feuille d'éventail peint à la gouache.

130 — La Famille royale Louis XVI.

131 — Portrait de femme, pastel époque Louis XVI, cadre en bois sculpté et doré.

132 — Paysage, dessin avec le monogramme S.Q. 1785.

133 — Paysage. Vue du Tyrol.

134 — Ivresse de Silène, peinture sur porcelaine.

135 — Deux gravures de courses.

136 — Vue de Rome, gravure en couleur.

137 — Deux marines, cadre en bronze.

138 à 150 — Sous ce numéro : tableaux, dessins, gravures, omis au catalogue.

MEUBLES

151 — Mobilier de salon de style Louis XVI, en bois doré comprenant : un canapé et quatre fauteuils.

152 — Meuble de salon recouvert en drap bleu composé de : un canapé, deux fauteuils et deux chaises.

153 — Lit breton en chêne sculpté avec baldaquin.

154 — Porte-chapeau en chêne. style gothique.

155 — Porte-chapeau en chêne clair.

156 — Console de style Louis XVI en bois sculpté.

157 — Baromètre en bois sculpté Louis XVI.

158 — Table du xvie siècle, noyer sculpté (réparations).

159 — Table de nuit, style Louis XVI.

160 — Toilette à coiffer, style Louis XVI laqué blanc.

161 — Poudreuse de style Louis XVI.

162 — Bergère Louis XVI, laquée blanc.

163 — Fauteuil laqué blanc canné, style Louis XVI.

164 — Dix chaises de salle à manger en noyer recouvertes
en cuir.

105 — Bergère Louis XVI, bois doré.

166 à 168 — Trois fauteuils noyer en bois doré.

169 — Bureau cylindre Louis XV, marqueterie à damier.

170 — Petit bureau de dame, style anglais directoire.

171 — Bureau américain.

172 — Bureau bonheur-du-jour Louis XVI (réparé).

173 — Grande glace cadre bois doré, époque Louis XV.

174 — Grande vitrine peint rouge.

175 — Grande bibliothèque en noyer ciré à quatre portes.

176 — Paravent à quatre feuilles, peinture style Régence

177 — Meuble vitrine, marqueterie hollandaise.

178 — Meuble à étagère, style chinois.

179 — Guéridon de style Louis XVI.

180 — Commode marqueterie Louis XVI.

181 à 190 — Sous ce numéro, meubles omis au catalogue.

OBJETS D'ART

191 — Pendule mignonnette, l'Oiseleur, bronze doré et marbre jaspe d'Irlande.

192 — Pendule à suspendre : Aigle et serpent, bronze.

193 — Pendule à accrocher de style Louis XIV, incrustations de cuivre et bronze doré.

194 — Pendule à accrocher Louis XV, peinture au vernis.

195 — Garniture de cheminée style Louis XVI, une pendule et deux cassolettes.

196 — Pendule : Enfant au coq, style Louis XVI.

197 — Pendule en bronze, style Louis XV.

198 à 200 — Sièges et bandes en tapisserie d'Aubusson.

201 — Costume, travail ancien de l'Inde.

202 — Bonbonnière, peinture vernis Brunswich, sujets d'après Téniers.

203 — Boite au vernis de Martin.

204 — Bonbonnière porcelaine.

205 — Boite en ivoire.

206 — Un étui à cire.

207 — Eventail peint au vernis de Martin.

208 — Brûle-parfum et son plateau en cuivre, travail oriental.

209 — Deux assiettes en émail, style Renaissance.

210 — Deux grands vases en cloisonné du Japon.

211 — Lustre bronze ciselé et doré, garni de nombreux cristaux, soixante lumières.

PORCELAINES, FAIENCES

212 — Deux vases porcelaine de Chine, montures bronzes (fracturés).

213 à 225 — Sous ce numéro : porcelaines de la Chine et du Japon, Cloisonnés.

226 — Deux vases Satzuma.

227 — Cinq petites tasses ancienne porcelaine, Compagnie des Indes.

228 — Aiguière et sa vasque faïence, style Marseille.

229 — Soupière en vieux Moustiers.

230 à 235 — Sous ce numéro : Faïence ancienne et moderne.

236 — Tapis d'Aubusson.

237 à 240 — Tapis divers.